AB

AB型人間の頭の中

12星座別血液型性格診断書

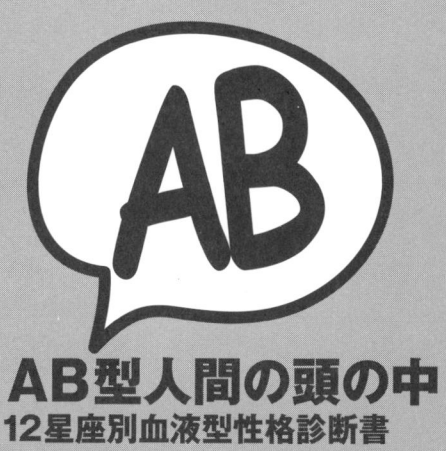

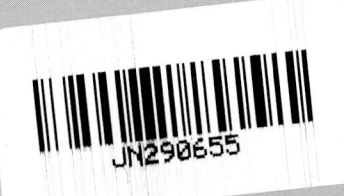

まえがき

日本人全体で１割と、４つの血液型の中で最も少ないAB型。
「クール」「頭の回転が速い」「人付き合いがうまい」…これだけ並べるとなんだかとてもかっこいいですよね。

でも、「一貫性がない」「成り行きまかせ」「無責任」なんて思われていることも。

AB型人間は、駆け引き上手。何でもそつなくこなせるAB型のあなた、そして、「AB型って付き合いづらいよね」ってちらっと思っている他の血液型のあなた、ちょっとAB型の頭の中をのぞいてみませんか？

AB型人間の頭の中
12星座別血液型性格診断書

目　次

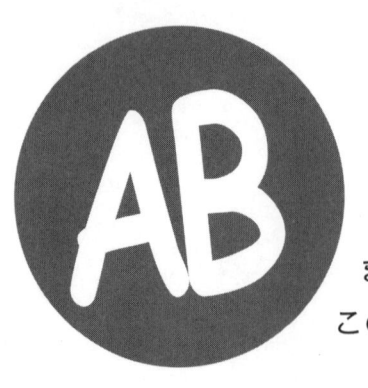

＜AB型人間の頭の中＞

この本の使い方

この本では、AB型を星座別に分けて、それぞれの行動パターンを80個並べてみました。同じAB型ですから、違う星座でも必ず共通点があります。他の星座も見比べてみて、どの部分が共通しているか確かめるのもいいでしょう。

「わかるわかる」と思えることもあったり、「えっ、そうだったの!?」と新しい発見があったり…自分に当てはまっているか、または自分の近くにいるAB型人間に当てはまっているか見てみましょう。

同じAB型でも、星座によってはビミョーに性格が違っている場合もあるのでチェックしてみてください。

また、それぞれのAB型×星座に多い職業や有名人も紹介しています。そして他の血液型×星座の相性もチェックしましょう。

きっと、自分も知らなかった、そしてちょっと意外なAB型の本当の姿が見えてくるはずですよ。

AB型人間の頭の中
12星座別血液型性格診断書

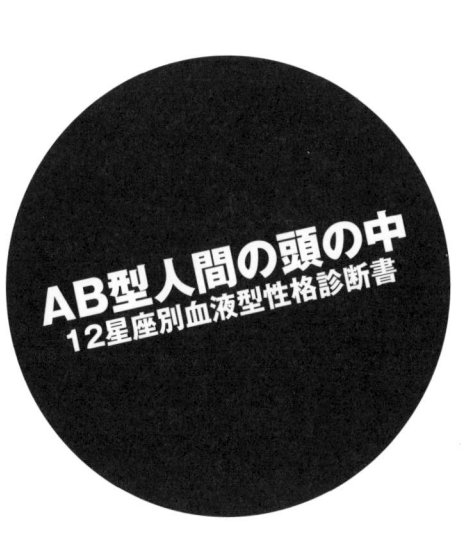

AB型×おひつじ座 (3/21 ~ 4/19 生まれ)

・**熱烈な恋がしたい**

↓

でも、失恋するのは絶対イヤ

・新しい仕事が来ると、

「よーし、やるぞ！」と燃える

・**何事もそつなくこなす**

↓

人間関係もそう

↓

そのため、「人間味がない」とよく言われる

・上司に対してもそつがない

↓

そのため、上司ウケがいい

・自分と対等に討論できる人が好き

・バカとは口をききたくない

・完全無欠な人間に憧れる

↓

そんな異性と付き合ったことがある

↓

でも、人格に問題があって別れた

・人付き合いで苦労した覚えはほとんどない

・おつりが1円足りなくても気になる

・好きな相手には大胆に迫る

↓

でも、迫られたら用心深くなる

・あまり深く考えない、
エネルギッシュな友達が多い

↓

「そのうち何とかなるさ」と
いうタイプの友達も多い

・**恋愛にはテクニックが必要だ**

・会話のはじめに自分のことを
語る人とは付き合わない

・異性の取り巻きがいっぱいいる

↓

でも、手当たり次第付き合ったりはしない

・**グループ交際が好き**

・口の悪い友達が多い

・**結婚相手の第一条件は「しっかりした人」**

↓

その上、おとなしければ言うことなし

・よけいなひと言を
言ってしらけさせたことがある

↓

でも、すぐに盛り返した

・**「第一印象と全然違う」とよく言われる**

・履こうと思っていた靴の位置がずれていると、
１日中気になる

・財布の中のお札が折れていても、ずっと気になる

・**「やめたほうがいいよ」と言われると、**
闘志を燃やす

↓

でも、クールな態度を崩さない

・コピーを取ったとき、
１ミリもずらさずキッチリ揃える

・出張のおみやげを配っていたら、
　さりげなく近づく

↓

　そして、ちゃっかりもらってしまう

・恋は結果なんて二の次

・街を歩いていると、よく「写真を撮らせて」と言われる

・愛想のいい人間は信用できない気がする

・「あなたしか見えない」と言われて、
　恋人と別れたことがある

・頭の中に計算機がある

・無駄なものは絶対に買わない

↓

　でも、気分がハイなときはパーッと使ってしまう

・**愛することがすべてだ**

↓

でも、恋を手に入れた途端、冷めてしまう

・新聞は政治・経済・国際欄だけを読む

・先物取引をやったことがある

↓

外貨建て国債にも手をつけた

↓

大当たりした

・ショップでは、自分に似合う服がすぐにわかる

・異性には凝ったアプローチをする

・同僚から好かれている

↓

でも、悪意をむき出しにする奴もいる

↓

そんな奴に足を引っ張られることもある

・**好みの異性を見ても、まず欠点を探してしまう**

・ダイエットに成功した友達に、「食費が浮いたでしょ」と言ったことがある

↓

なぜか絶交された

・上司に向かって「もう少し髪が多ければ、その髪型似合いますよ」と言った

・**恋人は必ず友達に紹介する**

↓

その次に、親にも紹介する

・**恋愛と結婚は別だと思う**

・**結婚相手は尊敬していたい**

↓

だから、小さな欠点も許せない

・**人の意見には耳を貸さない**

・口調が「キツイ」と言われたことがある

↓

でも、心当たりがない

・仕事は先輩を見ているうちにすぐに覚えた

・派手なタイプの異性に惹かれる

↓

その人と付き合っているあいだは、
他の異性が寄ってこない

・誰か競争相手がいると、貯金に励む

↓

そんな友達がたくさんいる

↓

一人で頑張っても全然貯まらない

・とてもモテる

・これまでの人生、いいことがいっぱいあった

↓

でも、逆転負けしたこともいっぱいあった

↓

特に、お金に関して泣きを見た

・今のところ、仕事が順調だ

↓

もしかしたら、昇進する日も近いんじゃないか

AB型×おひつじ座の攻略法　3か条

・知性を磨く
・皮肉を言われても気にしない
・毒舌をぶつける

AB型 おひつじ座の有名人

田辺聖子
作家　1928.3.27

西城秀樹
歌手　1955.4.13

島田紳助
お笑いタレント
1956.3.24

今井美樹
歌手　1963.4.14

桑田真澄
元プロ野球選手　1968.4.1

河本準一（次長課長）
お笑い芸人　1975.4.7

山里亮太（南海キャンディーズ）
お笑い芸人　1977.4.14

堂本剛（KinKi Kids）
歌手　1979.4.10

HITOE
歌手　1981.4.7

水嶋ヒロ
俳優　1984.4.13

YUI
歌手　1987.3.26

三浦春馬
俳優　1990.4.5

AB型 おひつじ座の適職

接客業など、飲み込みの早さと愛嬌の良さが生かせるもの

AB型×おうし座(4/20～5/20生まれ)

・人と接しているときはいつも笑顔

・恋人はお金を持っているに越したことはない

↓

ルックスが良ければなおいい

↓

フットワークが軽いとさらにいい

・早く結婚したい(した)

・旅行の前日は、心配で眠れない

・異性の心の中で、自分はどのランクにいるのかが、すぐわかる

・グループ内での立ち位置は「保護者」

・時々、きれいごとを言ってしまう

↓

そのため、上司にたしなめられる

↓

煙たがられることもある

・美しいものが好き

↓

センスのいいものも好き

↓

でも、お金をかけるのはイヤ

・**恋愛経験は少ない**

・文学小説のような恋に憧れている

↓

昔のハリウッド映画のような恋にも惹かれる

・「今月は貯める！」と決意したら、ビタ一文使わない

↓

たとえ交際費でも使わない

・セレブとは一生わかり合えないと思う

・知的レベルの高い会話が好き

↓

でも、世間の噂話にも一応乗る

・「うん、そうだね」と相づちを打ちながら、
別のことをよく考えている

・伝統技術の継承者が友達にいる

↓

アスリートの友達もいる

・恋した相手には純情一直線

・1万円使ったら、1万5千円貯めることにしている

・お茶に誘われたら、喜んで受ける

・満期になった定期預金を
下ろす瞬間がたまらない

↓

もはや、やみつきになっている

・**家事の腕はプロ級**

恋人は絶対に裏切らない

↓

逆に裏切られたら、
人生を投げてしまうと思う

・いったん始めたことは、
わき目も振らずに取り組む

↓

でも、最後の最後で放棄することもある

・お金はいつの間にか貯まっていることが多い

・あきらめのいい人は嫌い

↓

肩書の多い人も嫌い

・進展のなさそうな恋とは、
さっさとサヨナラする

・**職場では意見がよく通る**

↓

出世も早かった

・部屋に遊びに来た人が、「センスがいいね～」と
口を揃えて言う

・子供の頃、友達の家で嫌いなおやつを
もらったことがある

↓

笑顔で「ありがとう」と言った

↓

でも、ひと口も食べなかった

・難しい本を読むのが好き

・帰る間際、残業を
言いつけられたことがある

↓

逃げた

↓

同僚に「用事があるので帰ります」と伝言を頼んだ

・夜景の見えるレストランバーや、
花の咲く公園でのデートはしたことがない

・恋人に愛をささやいたこともない

・結婚したら、仕事をセーブしたい

・**相手の感情の動きに敏感**

・ミルクティーを飲むとき、
牛乳よりも先に砂糖を入れると決めている

↓

それをとやかく言われると
ムスッとして黙り込む

・預金通帳の内容を覚えている

・じつは株をやっている

↓

でも、元本割れのリスクが少ないものだけ

・**お金を使う楽しみより、貯める楽しみを好む**

・朝食はパンと決めている

↓

買い置きのパンにカビが
生えていても食べる

↓

子供の頃から食べていた

・いつかショップ経営をしたい（している）

・異性とは気軽に付き合う

↓

でも、恋愛感情は別

・ブランド物のネクタイをしてきた上司に、
「高そうですね」と言ったことがある

・路上にツバを吐いた友人を、
激しく責めたことがある

↓

その友達とは疎遠になってしまった

↓

でも、気にしない

・好きな異性に対して、積極的に近づけない

↓

逆に向こうから近づいてきても、警戒してしまう

・レストランではシェフのおすすめ料理を
つい頼んでしまう

↓

でも、ホントは食べたいものが決まっていた

・じつは商売をしている

↓

結構儲かっている

・経済のプロよりも正確に
株の変動を予見できる

・**お城で暮らしてみたいと思ったことがある**

↓

召使いのいる生活に憧れたこともある

↓

でも、経済的に無理だから、とっととあきらめた

・**これまでの人生、波乱が多かった**

AB型×おうし座の攻略法 **3か条**

・本音を聞きだす
・行動から気持ちを察する
・おごらせない

AB型おうし座の有名人

森田正光
気象予報士　1950.4.3

岩井友見
女優　1951.5.3

江田けんじ（衆議院議員）
政治家　1956.4.28

佐戸田けん太
俳優　1957.5.14

山形由美
フルート奏者　1959.5.17

大橋卓弥
（スキマスイッチ）
歌手　1978.5.9

酒井彩名
女優　1985.5.16

寺田有希
女優　1989.4.21

志田未来
女優　1993.5.10

AB型おうし座の適職

プランナーなど、優れたセンスとスムーズな社交性が生かせるもの

AB型×ふたご座(5/21～6/21生まれ)

・二つ以上のことを同時にできる

・話を整理するのが得意

↓

話をまとめるのも得意

・お金がなくても、ないなりに何とかなると思っている

・**お金の貸し借りは絶対にしない**

・仲間はずれになっているクラスメイトに、
よく声をかけた

↓

そのクラスメイトとは友達になった

↓

でも、深刻な悩み相談をされて、
疎遠になった

・変化のない毎日だと、生きている気がしない

・恋人にするなら、
100 以上の条件を満たした人
↓
少なくとも、自分より優秀な人じゃないとイヤ

・ギャグがよくすべる

・自慢のアイデアが失敗に終わることがある

・物事を先読みしすぎて失敗することもある

・しおれた花に対して、「太陽の機嫌が
悪かったから」と言ったことがある

・話題の映画を観て、「○○の食べっぷりが
良かったからヒットする」と評価した

・**はっきり言って、モテる**

↓

でも、異性から敬遠されることも多い

↓

「話についていけない」と言われることもある

・難しいクライアントとの商談に、
駆り出されることが多い

↓

そして、商談を成立させる

・**人生の目標は、ハッキリ言って高い**

・電話番のバイトをしたことがある

↓

すぐに辞めた

・家庭教師のバイトをしていた

・マスコミ関係で働いたら、成功すると思う

・文章を書くのは得意

・スピーチには自信がある

・話をしていると、人だかりができる

↓

その状態で１時間以上話したことがある

・欲しいものがあっても、「よく考えたら、なくてもいいや」と思う

・じつは今、学生時代の勉強をし直している

・**よく「スタイルがいいね」と言われる**

・毎朝、ネットのニュースは欠かさずチェックする

・**ベタベタした人付き合いは嫌い**

・「別れないで欲しい」と涙ながらに訴えられて、着信拒否をした

・似合わない服を着ている友達がいても、
とりあえずはほめる

↓

相手が上司だとなおさらほめる

↓

でも、心の中では笑っている

・職場で歓声が上がったら、すぐに見に行く

↓

悲鳴が上がっても行く

・上司から「これ、どう思う？」とよく聞かれる

・学生からお年寄りまで、
様々な友達がいる

・友達の職業も多彩

・好きなタイプがコロコロ変わる

・**甘えられると、ハッキリ言って困る**

↓

そのせいで恋人と別れたことがある

・**「どっちがいい？」と聞かれると、即答できる**

・フリーペーパーを集めるのが好き

・財テクしている

↓

結構貯める

↓

でも、目の前に欲しいものが
チラついたときだけ

・世話好きな友達が多い

・**自分の人間性を伸ばせる仕事に就きたい**

・まじめな人とはソリが合わない

・堅実なタイプともやっていけない

・入社してすぐ、営業に回された

・**結婚は遅いと思う（遅かった）**

・不思議とお金に困ったことはない

・恋人の本心が読めず、振られたことがある

・**人生計画は 50年後まで**
決めている

・結婚して子供の手が離れたら、
何か新しいことを始めてみたい（始めた）

・気難しいことで知られる上司を笑わせたことがある

↓

笑わせながら、「今のギャグはイマイチだったな」と
思った

・出世は早かった

・ネットの掲示板を見るのが習慣

・飲み会では会計を任されることが多い

↓

割り勘にはせず、飲んだだけ払ってもらう

・新聞も読まない人間とは付き合えない

・**センスの悪い人は嫌い**

・仕事中でも、自分が話しかけるとみんな乗ってくる

↓

上司も乗ってくる

↓

通りすがりの役員も乗ってきた

・**「なんで恋人がいないの？」と言われることが多い**

↓

自分でもよくわからない

・知らない人に道を聞かれるたび、明確に答える

↓

そして、「ほかに質問は？」と言ってしまう

・夫婦とは仲のいい親友と同じだと思う

・これまでの人生、トラブルが多かった

↓

でも、うまく切り抜けてきた

・将来、社会の役に立ちたい

AB型×ふたご座の攻略法 **3か条**

・頭の回転を早くする
・洗練されたムードを作る
・新しい話題を提供する

AB型 ふたご座の 有名人

山本晋也
映画監督　1939.6.16

三田明
歌手　1947.6.14

ショー・コスギ
俳優　1948.6.17

東ちづる
女優　1960.6.5

哀川翔
俳優　1961.5.24

HIRO（EXILE）
歌手　1969.6.1

前田智徳（広島カープ）
プロ野球選手　1971.6.14

渡辺慶
俳優　1976.6.16

山口もえ
タレント　1977.6.11

鈴木桂治
柔道家　1980.6.3

AB型 ふたご座の 適職

マスコミ関係など、書くこと、しゃべることに縁が深いもの

AB型×かに座 (6/22～7/22生まれ)

・**先を読んで行動する**

・泣きつかれても、平気で断ることができる

・グループ内での自分の立ち位置はよくわかっている

・**感情があまり顔に出ない**

・知的でクールな異性がタイプ

↓

でも、タイプの異性がいても、
陰からじっと見ているだけしかできない

・趣味をビジネスにしたことがある

↓

でも、うまくいかなかった

・会社の後輩には気を遣う

・会社の運営について、意見を求められたことがある

↓

実際、自分の意見をもとにうまくいった

・なんとなくお金を貯めようとしたことがある

↓

でも、ダメだった

・財テクを学んだことがある

↓

理論どおりにやったら儲かった

↓

ただ、よくわからない理由でお金がなくなった

・夏休みの宿題は、１日の配分を決めてやった

・「この仕事なら、だいたい何日で片付く」という目安がわかる

・自分のことより、友達の心配をよくする

・周囲の人間を、敵と味方の
二つに分けている

・好きな相手に対して、
思ったことを素直に言えない

⬇

そのため、振られてしまった

・初恋は、淡く消えた

⬇

でも、二度目の恋は長続きした

⬇

婚約まで行った

・上司から信頼されている

⬇

そのため、結構な権限も与えられている

・愛する人を守るためなら、
何でもやる

・年上からよくアドバイスを受ける

・株をやっている

↓

先物取引もやっている

↓

結構読みが当たる

・自分の哲学を持っている人は、
偉いと思う

・恋人選びとは、結婚相手選びのことだ

・自己主張が強いタイプは苦手

・上司と一緒に昇進したことがある

↓

上司の道連れに、異動させられたこともある

↓

でも、同僚のサポートで本社に戻れた

・専業主婦というものが理解できない

↓

というよりも、もったいないと思う

・家族に裏切られたことがある

↓

ショックで寝込んだ

・学生時代の努力が、
今生きていると思う

・スケールの大きいことが好き

・見返りを気にしないで尽くすことが多い

・肩にフケが落ちている人を見ると、
1日中食欲がなくなる

・学校の授業では、いつ指されてもいいように、
教科書を丸ごと予習していた

・街角で署名運動をしていると、必ず名前を書く

↓

代わりに署名活動をやってあげたこともある

↓

お礼は受け取らなかった

・「目ヤニがついてるよ」と言われて、
1日中落ち込んだことがある

・多数決で負けたとき、
本気で泣いた

・恋人にはいつでも自分のほうを見ていてほしい

↓

でも、恋人から束縛されるのはイヤ

・通知表に自分の欠点を書いた先生とは、
口をきかなかった

・長電話が好き

↓

気がつくと、ずっとしゃべっている

・公園に行くと、ついブランコに乗ってしまう

・一緒に映画を観た恋人が号泣したとき、
他人のフリをした

・人と会話するときは、
柔らかい言い方を心がける

↓

でも、好きな人に対しては
キツイ言い方をする

・凶悪事件のニュースを見て本気で怒る人は引く

・ノリだけで進行していくバラエティ番組は見ない

・ドラマを見るときは脚本家で選ぶ

・ハイヒールで足を踏まれても、
とりあえず笑って許す

↓

でも、心の中ではマグマがたぎっている

・過去に自分の描いた絵を見て、
下手だなぁと思うことが多い

・**友達が頼ってくれないと、悲しい気持ちになる**

・万引き犯に間違われないよう、
コンビニには手ぶらで行く

・乗っていたバスが暴走気味になったとき、
「遺書はどうしよう」と考えた

・討論は苦手

↓

負けそうになったら、ごまかして終わらせる

・休日は家にこもるときもあれば、
外でスポーツするときもある

・どんなに好きでも、イヤな面が一つでも
見つかると嫌いになる

・友達が有り金を全部使い果たしたとき、
うちに泊めてあげた

↓

その日々は半年続いた

↓

でも、友達のためだから気にしない

・**他人のプライバシーに興味津々**

・親友が隠し事をしたらキレる

・**壮大な夢を持っている**

↓

夢に向かって努力した

↓

でも挫折した

AB型×かに座の攻略法　**3か条**

・自信を持たせる
・おしゃべりにはとことん付き合う
・電話はマメに

AB型かに座の有名人

杉本彩
女優　1968.7.19

西山喜久恵（フジテレビ）
アナウンサー　1969.6.22

間寛平
お笑い芸人　1949.7.20

浅野ゆう子
女優　1960.7.9

内村光良
（ウッチャンナンチャン）
お笑いタレント　1964.7.22

堤真一
俳優　1964.7.7

大倉孝二
俳優　1974.7.18

矢部太郎（カラテカ）
お笑い芸人　1977.6.30

小泉孝太郎
俳優　1978.7.10

小嶺麗奈
女優　1980.7.19

藤井リナ
モデル　1984.7.2

原田夏希
女優　1984.7.7

AB型かに座の適職

医療関係、福祉関係など、社会的な色彩が濃く、スケールの大きいもの

AB型×しし座（7/23～8/22生まれ）

・第一印象が「派手な人」らしい

・欠点は、ズバリ指摘してあげたほうが親切だと思う

・レストランで食べた料理を、忠実に再現できる

・両手で字が書ける

・おしゃれはバランスを計算する

・これまで対人関係のトラブルを経験したことがない

・ゆっくり、言葉をかみ締めながら話す

・偏食だ

・人の好き嫌いが激しい

・何気ないひと言で、
人を泣かしたことがある

↓

でも、自分ではよくわからない

・恋人の第一条件は「面白くておしゃれな人」

↓

でも、タイプの異性の前では何もできない

・自分から告白したことはあまりない

・熱烈なアプローチを受けて、
交際が始まることが多い

・交際するとき、まずは友達から始める

・いくら株を勧められても、担当者の説明が
下手だと絶対に買わない

・投資ファンドをやったことがある

↓

でも、勉強不足で失敗した

・**共通の趣味を持った友達が多い**

・これまでの人生、お金に困ったことはない

↓

でも、いつも心にすきま風が吹いていた

・上司から目をかけられることが多い

↓

社長からも一目置かれている

・出世は早かった

↓

現在、管理職

・収入が上がった代わりに、支出も増えた

・仕事で失敗してなじられても、
じっと耐える

・一つの言葉から、イメージを
膨らませることがある

・異性の友達が多い
↓
でも、深い付き合いではない

・恋人とも、一線を引いてしまう

・異性に「ひどい人」と
言われたことがある
↓
自分ではなぜだかわからない

・好みの異性には本音をぶつける

・なかなかなびかない異性は、さっさとあきらめる

・割り勘のとき、
1円不足していても気になる

・**欲しいものがあったら、すぐに買う**

↓

そのため、何で買ったのかわからないものが
押し入れにいっぱい

・バカは道の端を歩けばいいと思う

↓

でも、背伸びする奴はもっと嫌い

・**心からほめられると、**
何でもやってあげたくなる

↓

プレゼントだってあげちゃう

↓

そのために定期預金を解約してもいい

・ガラの悪い先輩に、入学式でからまれた

・**友達の第一条件は**
「物分かりのいい人」

・いくら友達が困っていても、
給料日前にお金は貸さない

・音を立てて食べる人は嫌い

・ヤンキー言葉も許せない

・「すごい人だねぇ」と言われて、
「そう？」と答えた

↓

そんなこと、言われるまでもない

・営業部に異動になったとたん、
目覚ましい成果を挙げた

・職場の大先輩が助けてくれたことがある

・**夢中になれる趣味を持っている**

・じつは趣味がサイドビジネスになっている

↓

しかも、結構長くやっている

・長年付き合っている恋人から
「冷たい」と言われた

・自分は恋愛結婚すると思う（した）

・お見合いをしたことがある

↓

その気じゃないのに、
相手にやたら気に入られた

・耳寄りなニュースは絶対にチェックする

・**休日、家にいることはない**

・**コンビニで新製品を見つけたら、すぐに買う**

↓

そして、感想をブログにも書く

・わからないことがあったら、すぐにネットで調べる

・外国人の友達がいる

↓

海外で暮らす友達もいる

↓

そういった友達から、
幸運をもらったことがある

・セレブに憧れる人間の気がしれない

↓

テレビのセレブ特集も絶対に観ない

↓

でも、セレブと食事したことがある

↓

別に緊張しなかった

・合コンの仕切り役を、誰がするかで
喧嘩したことがある

・平穏無事な人生を送っている人とは付き合いたくない

・定期預金が満額になったとき、
うれしくて思わず小躍りした

↓

でも、なぜか空しかった

・道を歩いていると、よく人から注目される

↓

わざわざ振り返る人もいる

↓

でも、自分ではなぜだかよくわからない

・子供の頃、なぜ『チョコボール』の「取り出し口」を「くちばし」と言うのか悩んだ

・**機械いじりは得意**

・基本的に、他人の思惑は気にしない

AB型×しし座の攻略法 **3か条**

・知的レベルの高い会話を
・本気でほめる
・マナーや言葉遣いに気を遣う

AB型 しし座の有名人

黒鉄ヒロシ
漫画家　1945.8.3

稲川淳二
タレント　1947.8.21

柴田恭兵
俳優　1951.8.18

アグネス・チャン
歌手　1955.8.20

山本昌（中日ドラゴンズ）
プロ野球選手　1965.8.11

喜多嶋舞
女優　1972.8.11

安住紳一郎（TBS）
アナウンサー　1973.8.3

金城綾乃（Kiroro）
歌手　1977.8.15

菅野美穂
女優　1977.8.22

相沢紗世
女優　1978.7.24

水川あさみ
女優　1983.7.24

森山未來
俳優　1984.8.20

AB型 しし座の適職

ファンドマネージャーなど、強い理性とリーダーシップが生かせるもの

AB型×おとめ座（8/23 ~ 9/22 生まれ）

・**相談されることが多い**

・異性を見ると、すぐに点数をつけてしまう

↓

100 点満点の異性とは、まだ出会ってない

↓

出会うまでは、本命の恋人は作らない

・**自慢話は、するのもされるのも嫌い**

・グループ内で意見が分かれたとき、
調停役をよくする

↓

でも、強い態度はとれない

・人気アイドルのコンサートに誘われて、
行ったことがある

↓

でも、途中で出た

・**人付き合いは苦手ではない**

・人類の幸福について、よく考える

・**一目惚れから恋がスタートすることが多い**

・好きになる相手は、世界一素敵な人ばかり

↓

時々、欠点が見える

↓

でも、気にしない

・スロットにハマったことがある

↓

いい線までいく

↓

負けそうになったら、さっさと止める

・学生のとき、起業しようと思ったことがある

↓

でも、断念した

・自分はエリートコースを歩んでいると思う

・友達は多い

・**友達のためなら、なんでもやる**

　　　　↓

　でも、親しい友達は少ない

・スーパーでバイトをしたことがある

　　　　↓

　でも、BGMが気になって辞めた

・これまでの人生、
　結構お金には恵まれていた

・**「プライドが高そう」とよく言われる**

・いつか南十字星を見に、南の島へ行ってみたい

　　　　↓

・隣に愛する人がいれば最高

・**失恋なんて、考えただけでも恐ろしい**

↓

失恋するくらいなら、ずっと片想いでもいい

・理想の異性は、ズバリ「頭がいい人」

↓

センスも良いと、なおうれしい

↓

都会的なら最高

・いつかラスベガスに行きたい（行った）

・お金を集中的に使うことがある

↓

全く使わないこともある

・お見合いをしたことがある

↓

どの相手にも気に入られた

↓

でも、断った

・「昨日のドラマ、見た？」という話には付き合わない

↓

そのため、
話しかけられる機会が減った

↓

寂しい

・人ゴミは苦手

・休日は一人で部屋にこもる

・新聞記事が理解できないようでは、
人間としてダメだと思う

・映画を観たら、真っ先に批評する

↓

そのため、友達と喧嘩に
なることもある

・**ヒット商品を見ると、「なぜヒットしたのか？」と真剣に考える**

・デートで遊園地に行ったことがある

↓

途中で切り上げた

・図書館デートをしたこともある

↓

閉館時間までいた

↓

恋人は先に帰ってしまった

・隠れオタクの友達がいる

↓

あるジャンルのスペシャリストなので、
尊敬している

・**力の抜き方がよくわからない**

↓

そのため、つい頑張りすぎてしまう

・**おしゃれをしない人間は、もったいないと思う**

・納期を守れない人間は、社会人として失格だと思う

・貯金を始めるときは、まずこれまでのお金の流れを研究する

↓

無駄なお金は徹底的にカットする

↓

それでも貯まらないときは、アルバイトする

・会議では、鋭い意見を言ってみんなを圧倒する

↓

意見が上司に注目されることも多い

・**異性からデートに誘われたら、まず断らない**

↓

でも、デートの途中で飽きてしまう

↓

そのため、毎回相手が違う

・街に出ると、異性から注目される

↓

でも、遠巻きに見ているだけ

・小学校のとき、先生から疎まれていた

・ズバリ「生意気」と言われたこともある

↓

でも、自分ではよくわからなかった

・紛争地域が平和になったという
ニュースを聞いて、涙を流したことがある

・仲間が困っていても、
助けを求めてくるまでは何もしない

・ストレスがたまると、健康を損なう

↓

入院したこともある

↓

でも、趣味に没頭しているうちに回復した

・読書感想文は得意だった

↓

でも、先生から「もっといい面を見なさいね」
と言われた

↓

それでも、懲りなかった

AB型×おとめ座の攻略法 **3か条**

・共通の趣味を持つ
・対等に討論する
・騒々しくしない

AB型 おとめ座の有名人

井上陽水
歌手　1948.8.30

岡江久美子
女優　1956.8.23

鈴木雅之
歌手　1956.9.22

内野聖陽
俳優　1968.9.16

モンキッキー
お笑い芸人　1968.9.19

山咲トオル
タレント　1969.8.23

鈴木杏樹
女優　1969.9.23

土田晃之
お笑いタレント　1972.9.1

なかやまきんに君
お笑い芸人　1978.9.17

四元奈生美
卓球選手　1978.9.21

鈴木えみ
女優　1985.9.13

内博貴
俳優　1986.9.10

AB型 おとめ座の適職

銀行員など、冴えた頭脳と人当たりの良さを生かせるもの

AB型×てんびん座(9/23～10/23生まれ)

・街を歩いていて、ショーウィンドーに
自分が映ったら、必ずチェックする

・**家事が嫌い**

↓

できれば、家政婦を雇いたい

・**恋人から「冷たい人」と言われたことがある**

・誰かに見られているときは、
必死で仕事をする

↓

でも、視線が気になって集中できない

・レストランで注文を忘れられたことがある

↓

小声で苦情を言った

・恋人の浮気が発覚したことがある

↓

冷静に問い詰めた

・困っている友達がいても、ノータッチ

・格式の高いパーティーによく招待される

・細身の服が好き

・ファッション誌の読者モデルをやっていた

・合コンでは、料理を取り分けたり、
注文を取ったりする役目

・**苦しい恋をしたことがある**

↓

「恋なんてもう二度としない」と誓った

・どんなに好きな相手でも、こちらから
アプローチはしない

↓

そのため、恋を逃すことが多い

・恋のライバルが現れても気にしない

↓

そのため、相手を奪われてしまった

↓

でも、気にしない

・**恋人がコロコロ代わる**

↓

でも、すぐに次が現れる

・異性の取り巻きがいっぱい

↓

でも、つまみ食いはしない

・誘惑されたら乗ってしまう

・かけがえのない友達を失ったことがある

・これまでの人生、変化が多かった

↓

でも、不幸じゃなかった

・会社では、社員食堂の

おばちゃんとよく話をする

↓

警備員のおじさんとも仲がいい

・「使いたいときに使うのがお金だ」と思っている

↓

そのため、いつも預金残高は

限りなくゼロに近い

↓

でも、そのうち何とかなるだろう

・今より生活レベルが下がるなら、

結婚したくないと思っている（いた）

・暖炉のある家に憧れる

・車3台分のガレージが
ある家に住みたい

・庭はもちろんプール付きがいい

・すぐに大声を出す人は嫌い

・興奮して口からツバを飛ばしながら話す人も嫌い

・恋人に泣いて訴えられたことがある

↓

その場で振った

・休日、一人で外出するのは苦手

↓

そのため、友達を誘うことが多い

↓

しかし、周りに内緒で一人旅をすることがある

・友達と美術館に行って、
絵の前で議論したことがある

・外出したら、必ず
お気に入りのカフェでお茶をする

・会話が続かない人とは付き合えない

・服や美容にかけるお金が莫大

↓

でも、楽しいから仕方ない

・がむしゃらに生きている人は苦手

・「終わりよければすべてよし」
という言葉は理解できない

・成金が世界で一番嫌い

・子供の頃、裕福だった

↓

結構チヤホヤされて育った

・ネット友達は割と多い

↓

でも、一度も会ったことはない

↓

これからも会うつもりはない

・自分は外国の王族に、引けを取らないと思う

↓

実際、セレブと付き合いがある

・**面倒な仕事は絶対にやりたくない**

↓

そのせいで、自分の評価が下がっても構わない

↓

でも、その前に、先輩が助けてくれる

・会議で意見すると、
必ず支持者が現れる

・気がつくと、親友と呼べる友達がいない

・**結婚しても、自分だけの時間が欲しい（持っている）**

・**人には言ってない趣味がある**

・苦労人の友達がいる

・目的のために手段を選ばない人は、
人間としてなってないと思う

・「いつかきっと成功してみせる！」
と思ったことはない

↓

きっと自然に成功するだろう

・自己投資にはお金をかけるほうだ

・**恋人に会いたくてたまらない日も、じっと耐える**

↓

恋人のほうから連絡があったら、すぐに会いに行く

↓

でも、普段どおりの態度を貫く

・近所での評判はいい

↓

でも、自宅に近所の人を絶対に上げない

・人の会話が気になることがある

↓

そのため、常に聞き耳を立てることが多い

↓

もし、自分に関する話題だったら
どうしよう、と思う

↓

そのため、神経が休まらない

AB型×てんびん座の攻略法 3か条

・優雅なムードを作る
・感情に訴えない
・話題は豊富に仕入れる

AB型てんびん座の有名人

石原慎太郎（東京都知事）
政治家　1932.9.30

大和田獏
俳優　1950.10.13

KAN
歌手　1962.9.24

稲葉浩志（B'z）
歌手　1964.9.23

羽生善治
棋士　1970.9.27

田波涼子
女優　1973.10.8

釼持たまき
女優　1976.10.14

滝川クリステル
フリーアナウンサー　1977.10.1

佐藤藍子
女優　1977.9.26

小畑由香里
モデル　1979.10.12

川村ひかる
タレント　1979.10.18

海老澤健次
俳優　1986.10.22

AB型てんびん座の適職

メイクアップアーティストなど、華やかで和気あいあいとやれるもの

AB型×さそり座 (10/24～11/22生まれ)

・**空気を読むのは得意**

↓

だから、周囲の評価も高い（らしい）

・人の意見には冷静に反応する

・子供の頃から、何をするにもペースが遅かった

・**自分にとって**
得になる人と、損する人とは
ハッキリ区別している

・貯金の仕方は自己流

↓

でも、結構貯まる

↓

でも、人から「貸して」と
言われると断れない

・会話をすると、「なごむ」とよく言われる

・ボランティア活動をしたことがある

・**嫌いなタイプの人間とも付き合える**

・好きな人にライバルが現れたら、
静かに身を引いてしまう

↓

そして、陰から嫉妬しながら見ている

・近所のおばさんに「感じがいいね」とよく言われる

・上司に対しては、いつもニコニコしている

・**バカとも一応レベルを合わせる**

↓

でも、心の中で舌を出す

・病気らしい病気をしたことがない

・自分の野心のために、
愛を利用したことがある

・恋人に対して、情熱的になる

↓

逆に、冷たく当たることもある

↓

どっちになるかは気分次第

・神仏を信じている

・学生時代に取った資格が、仕事で役立っている

・お世辞を言うのは得意

↓

そのおかげで、上司にも気に入られている

↓

出世も同期より早かった

・一目惚れしたことがない

・一人でいるより、
大勢でいるほうが好き

・ソウルメイトと呼べる友達がいる

↓

その友達とは、幼稚園で知り合った

・能力も高いがプライドも高いタイプとは、
ソリが合わない

・気前のいい異性は、好きになっちゃう

・デートでは、できればおごってほしい

・気持ちはプレゼントに
託して欲しい

↓

でも、派手なパッケージだと
受け取らない

・推理系のドラマが好き

↓

友達と犯人の当てっこを
するのが楽しい

・思わぬ大金が転がり込んだ

・貯金に関して、ライバルがいる

↓

張り合いながら、貯めている

↓

かなり効果がある

・人の意見には逆らわない主義

↓

でも、意志は強い

・相手を一目見ただけで、大体の人柄がわかる

・ひそかに、ぬいぐるみが好き

・ちょっとひねくれたタイプの
異性に惹かれる

↓

ルックスが良ければ、なおよし

・恋人は、優しく包んであげたい

・運命の赤い糸で結ばれている異性と、
いつか必ず出会えると思う

・結婚したら、
庭付きの白い家に住みたい

・上から目線で話す人間は、許せない

↓

にらみつけたこともある

・学生の頃、教師が嫌いだった

・そばが好き

↓

でも、麺がシコシコしてないと絶対に食べない

・さしみを食べるとき、
わさびをしょうゆで溶くのは許せない

・「だましたの？」と異性に
問い詰められたことがある

↓

泣かれたこともある

↓

殴られたこともある

・情報通の友達がいる

↓

社内のニュースは、
その友達から仕入れている

・大企業に勤めている

・裏切られたら落ち込む

↓

次に、仕返しを考える

・人から憎まれたり、嫌われることはめったにない

↓

でも、恋人から恨み言を言われることはある

・芸術家やミュージシャンと親交がある

↓

彼らの話を聞いて、感銘をうけた

↓

作品を見て、涙を流したこともある

・部屋にバラの花を飾っている

↓

しかも、白いバラだ

・ブライダルベールもある

・これまでの人生、割と安定していた

↓

でも、試練もあった

↓

それは、火事場の馬鹿力で切り抜けた

・苦手な仕事が回ってきても、喜んで引き受ける

・将来の夢を明確に持っている

↓

その夢に向かって努力している

↓

夢を邪魔するものは許さない

・じつは自分こそ社長にふさわしいと思っている

↓

でも、それを悟られないようにしている

AB型×さそり座の攻略法　3か条

・知的レベルの高い会話を心がける
・気持ちはプレゼントに託す
・ほめて自信を持たせる

AB型さそり座の有名人

猪瀬直樹
作家　1946.11.20

平田満
俳優　1953.11.2

川島なお美
女優　1960.11.10

松岡修造
元テニスプレーヤー
1967.11.6

名倉潤（ネプチューン）
お笑いタレント　1968.11.4

岩瀬仁紀（中日ドラゴンズ）
プロ野球選手　1974.11.10

ユンソナ
タレント　1975.11.17

aiko
歌手　1975.11.22

小池栄子
タレント　1980.11.20

斉藤祥太・慶太
俳優　1985.11.18

BoA
歌手　1986.11.5

薬丸翔
俳優　1990.10.25

AB型さそり座の適職

カウンセラーなど、精神的な意味合いが強く、社交性を生かせるもの

AB型×いて座（11/23～12/21生まれ）

・**「そのうち何とかなる」が口癖**

↓

本当に何とかなっている

・どちらかというと、恋よりも人生の冒険に
情熱を燃やす

・パートナーを組んでやる仕事は、だいたい失敗する

↓

なぜなら、自分で何でもできちゃうから

・「大丈夫？」とよく顔をのぞき込まれる

・「困ったことがあったら、何でも言ってね」
とよく言われる

↓

そんな他人の心遣いを
ちゃっかり利用している

- 面白そうな話題があったら、すぐに乗る

↓

でも、話が芸能ネタになったとたん、席を離れる

- 信号無視をした学生を捕まえて、
えんえんと説教したことがある

↓

謝るまで説教した

↓

謝ったら、あっさり解放した

・目標に向かって直進するタイプ

- **ちゃらんぽらんな人が許せない**

・恋愛に決まった形は ないと思う

・異性との 交際経験が豊富

・恋人に対する注文が多い

↓

でも、交際相手はコロコロ変えない

・交際期間は長いほうだ

・苦労してまでお金を得ても、
仕方がないと思う

・お金が少なくなったら、必ずいいバイトが見つかる

・友達に「いちいちうるさい」
と言われたことがある

↓

結構いろんな人に言われる

・「ああするためには、こうでなければ」
と思い込むことが多い

・仕事には、大義名分が必要だと思う

・社内では、一人で
ポツンといることが多い

・会社の飲み会で　悪酔いしたことがある

↓

上司にもからんだ

↓

そのため、翌日誰も口をきいてくれなかった

・大きな病気はしたことがない

・これまでの人生、いくつかの波があった

↓

でも、じっと耐えた

↓

耐えたら、今度は幸運がやってきた

・将来設計はしっかりしている

↓

老後のことも考えている

↓

早くその基盤を固めたい

・**海外に縁のある仕事に就きたい（就いている）**

・つまらなさそうな顔をしている友達がいたら、
積極的に話しかける

↓

失敗すると、2、3日落ち込む

・体育会系の人間とはソリが合わない

・スピリチュアルなものには興味がない

・**同じ言葉を繰り返されるとキレる**

・恋人が腕を組んできたとき、
乱暴に振り払ってしまった

・落ち込んでいるときは、気分が
上がるギャグをかましてほしい

・元気が有り余っているときは、
「元気だね」のひと言がほしい

・気配りできない人は、
人間として終わっていると思う

↓

でも、わざとらしい気配りなら
しないほうがマシ

・結婚したら、パートナーと対等でありたい（対等だ）

・**結婚後も、**
自分のやりたいことを優先する

↓

でも、相手に負担はかけない

・音楽を聴いて泣く友達がいる

↓

ハッキリ言って、「アホか」と思う

↓

でも、その友達は、精神的満足感を
与えてくれることが多い

・やることなすこと、ていねいな友達がいる

↓

ハッキリ言って、ソリは合わない

↓

でも、見習っている

・グチっぽい人間とは付き合いたくない

・無口な人間にはどう対応していいかわからない

・恋人の第一条件は、「発想が豊かな人」

↓

しかも、面白い人

↓

さらに、エネルギッシュな人だと最高

・恋に落ちるパターンは決まっていない

・どんな異性とも、割と合わせることはできる

↓

でも、人の噂になるような交際はしない

・将来、世の中の役に立ちたいと思う

・世間の目や、モラルは気にしない

↓

でも、地球の未来は気になる

・「今のどういう意味？」と聞かれるとキレる

・新聞の三面記事は読まない

・バラエティ番組は見ない

・10年後、重役になる！　と誓った

↓

それ相応の努力もした

↓

でも、なかなか思いどおりにいかない

・毎月、3000円ずつ貯金している

↓

気づいたら、結構貯まっていた

・**じつは英語が得意**

↓

英語以外にも、得意な外国語がある

・**「恋は理屈じゃない」と真顔で言われたことがある**

↓

でも、理解できなかった

・咳をしただけで、会社を休まされた

↓

上司がお見舞いに来たこともある

3か条

AB型×いて座の攻略法

・くどくしない
・ベタベタしない
・落ち込んでいたら明るい態度で接する

AB型 いて座の 有名人

谷村新司
歌手　1948.12.11

古舘伊知郎
フリーアナウンサー
1954.12.7

假屋崎省吾
華道家　1958.12.17

香川照之
俳優　1965.12.7

有森裕子
元マラソンランナー　1966.12.17

江角マキコ
女優　1966.12.18

武田真治
俳優　1972.12.18

反町隆史
俳優　1973.12.19

市川海老蔵
歌舞伎役者　1977.12.6

佐藤江梨子
女優　1981.12.19

田口淳之介（KAT-TUN）
歌手　1985.11.29

横峯さくら
女子プロゴルファー
1985.12.13

AB型 いて座の 適職

貿易会社経営など、海外と縁が深く、自分のペースでやっていけるもの

AB型×やぎ座（12/22～1/19生まれ）

・**自分は選び抜かれた人間だ、と思うことがある**

・「無理なら明日でいいよ」と言われたら、
何がなんでも今日中にやり遂げる

・異性はルックスより肩書で選ぶ

↓

でも、そんな異性とはうまくいかない

・「地球とは…」「人類の未来とは…」と
いうようなことをよく考えている

・合成洗剤は使わない

・**リサイクルは当たり前**

・**レジ袋を必ず持ち歩く**

・小学生の頃から、ボランティア活動をしていた

・時々、友達が不機嫌になる

↓

「バカにするな」とハッキリ
言われたこともある

・年上の異性にモテる

**・ファッションセンスには
自信がある**

・ダサいと言われるのは何よりも屈辱

・交際がよく噂になる

↓

でも、大きく広まる前に手を打つ

・入社して３年間は、仕事が退屈だった

↓

今は面白い

・将来、絶対に代表取締役になりたい

↓

できれば、新聞に載るような存在になりたい

・「1円を笑うものは、1円に泣く」
というのが座右の銘

↓

それなのに、毎月赤字になる

↓

よく調べてみたら、不要なものを
いっぱい買っていた

・借金を申し込まれると、断れない

・お小遣い帳や家計簿はつけたことがない

・成り行きで浪費することがある

・他人には「ベストな状態」の自分を見せたい

・職場で浮いている

・書類に記入ミスしたら、最初から書き直す

↓

訂正印は認めない

・自分に厳しいと思う

・遠足や修学旅行では、いつも単独行動を取っていた

↓

そのため、よく怒られた

↓

でも、懲りない

・いくら好きな相手がいても、
自分からアプローチできない

↓

そのせいで、片想いが多い

・デートでラーメン屋に行ったことはない

↓

焼肉なんて、とんでもない

↓

そんなある日、「疲れた」と言って振られた

・友達との義理は、必ず果たす

・困ったときは、
いつも友達が助けてくれる
↓
しかも、友達全員が来てくれる

・職場の人間関係で、摩擦を起こしたことはない

・仕事が遅れると、
徹夜してでも遅れを取り戻す

・大企業に勤めている

・人間、ぬるま湯につかったら
終わりだと思う

・甘えん坊タイプの異性にモテる

・**例え恋人同士でも、礼儀を**
欠いてはいけないと思う

↓

タメロは、交際１年以上経ってから

・出世の妨げになる異性とは、付き合いたくない

・待ち時間が長いと、キレてしまう

・同じ時間を使うなら、
遊ぶことより仕事を優先する

・恋人から「今度、○○に連れて行って」
と偉そうに言われて、キレたことがある

・休日は、ひきこもり状態

・繁華街には行きたくない

・車のクラクションの音が嫌い

・ひそかに神社が好き

↓

結構マニアだと思う

・本をよく読む

↓

恋人と、読後の感想を共有したい

・郊外に出かけるのも好き

↓

生き返る

・レシートを整理しただけで、無駄遣いが減った

・金欠の原因を、一つ一つ書き出したことがある

↓

順番に対策を立てた

↓

成功した

・未来志向の考え方ができる人は、尊敬する

・子供のように、純粋な人が好き

・笑顔が優しい人に癒やされる

・人間の価値観について、よく語る友達がいる

↓

結構、討論した

↓

でも、そのうち飽きて連絡を取らなくなってしまった

・ため息の多い人間といると、
こっちまで暗くなる

・これまでの人生、恋愛面では恵まれていた

・失恋もしたけど、結果的にラッキーだった

・ルックスはいいほうだと思う

・社内の異性から「素敵すぎて近寄れない」
と言われているらしい

・校則に不満があって、
校長に直談判に行ったことがある

↓

会社の福利厚生に不満があったときも、
社長に直訴に行った

・自分に最も似合う服装を知っている

↓

ここぞというときは、
そのとっておきのファッションで行く

↓

なぜかみんなに引かれた

AB型×やぎ座の攻略法 **3か条**

・仕事や将来の夢を話題に
・人混みは避ける
・節度を守る

AB型やぎ座の有名人

三國連太郎
俳優　1923.1.20

田中眞紀子
政治家　1944.1.14

上島竜兵（ダチョウ倶楽部）
お笑い芸人　1961.1.20

財前直見
女優　1966.1.10

ダンディ坂野
お笑い芸人　1967.1.16

長山洋子
演歌歌手 1968.1.13

CHARA
歌手　1968.1.13

ウド鈴木（キャイ～ン）
お笑い芸人　1970.1.19

市川染五郎
歌舞伎役者　1973.1.8

REINA（MAX）
歌手　1978.1.6

村主章枝
フィギュアスケート選手
1980.12.31

相葉雅紀（嵐）
歌手　1982.12.24

AB型やぎ座の適職

大企業の営業職など、安定した組織で努力して実績を積み上げていけるもの

AB型×みずがめ座（1/20～2/18生まれ）

・人付き合いはいいほう

↓

おしゃべりも大好き

↓

でも、本音は言わない

・苦手なタイプは特にいない

・年齢、職業、国籍を越えた友達がいる

・どちらかというと、周囲から
嫌われている人と相性がいい

・自分だけのルールがたくさんある

↓

ルールを破るなんてありえない

・いつも先のことを考えている

・初対面の相手と友達になったことはない

↓

でも、気心が知れたらすぐ友達になる

・他人に悩み相談することは、あまりない

・「冷たい人」というレッテルを
貼られたことがある

・恋人に甘えたことがない

・「みんなの幸せ」を常に願っている

・年の離れた相手と
恋に落ちたことがある

・不倫の経験がある

↓

でも、意外と奥手

・好きになったら、まず相手の情報を集める

・失恋の可能性のある相手には近づかない

・**結婚しても、自由でありたいと思う**

↓

もちろん、パートナーの自由も認める

・アーティストタイプに弱い

・学者タイプにも惹かれる

・預金通帳を持ってない

↓

カードの明細書も、
すぐに捨ててしまう

・給料を全部つぎ込んで、株を買ったことがある

↓

でも、買っただけ

・これまでの人生、
大きな対人トラブルが何度かあった

↓

でも、それ以外は安泰だった

・**人生の計画表を作っている**

↓

そのとおりに進めたい

↓

でも、なかなかうまくいかない

・会社勤めは楽な商売だと思う

↓

でも、物足りない

・ピッキング作業のバイトをしたことがある

↓

１日で辞めた

・**胃腸が弱い**

・精神的満足感は、お金で買えないとマジで思う

・どんな相手とも話を合わせられる

↓

でも、自分の話はしない

・いわゆるセレブと付き合いがある

・恋人が泣いたら
「みっともないからやめて」と言う

・大きな音を立てられると、マジでムカつく

・乱暴にドアを閉められるのも嫌い

・義理人情という言葉にはピンとこない

・別れが近い恋人に「行かないで」
と泣きつかれたけど、無視した

↓

でも、後悔してない

・服を買うとき、デザインではなく、
機能を重視する

・週刊誌は読まない

・会話の途中で、相手が「ひどい」
と泣き出したことがある

↓

でも、自分ではなぜだかわからない

・「人こそ財産、貯金より体験」がモットーだ

・給料日は、必ず友達と遊びに行く

↓

一晩で給料を全額使い果たしたこともある

↓

でも、気にしない

・カードのボーナス払いで、
DVD ボックスを大人買いした

・9時５時の生活に慣れている人とは
ソリが合わない

・センスの悪い人は、人として
終わっていると思う

・死ぬほど好きな相手への想いを、
封印したことがある

・「なぜこの人が好きなんだろう？」と
分析する癖がある

・朝礼がある職場はイヤだ
↓
社歌のある企業もイヤ

・アンケートで「生意気な奴ナンバーワン」に
選ばれたことがある
↓
でも、職場では好かれている

・**何かとまとめ役になることが多い**

・室長の経験がある

・どんなにいい人でも、
バカは好きになれない

・ひねくれ者の友達がいる

↓

その友達と付き合っているのは、自分だけ

・人生のテーマを持たない人間は、ダメだと思う

・夫婦の立場が逆転しても構わない

↓

むしろ、時々立場を逆転したい

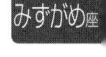

・恋人が入院しても、よほどのことがない限り、
見舞いに行かない

↓

行っても、挨拶だけで帰る

↓

引き止められても、振り払う

・キャラクターグッズには興味がない

・見下されるのは我慢ならない

↓

でも、尊敬されるのも苦手

・たとえ上司相手でも、ミスはズバリ指摘する

↓

それで気の弱い上司を泣かしたことがある

↓

でも、気にしない

AB型×みずがめ座の攻略法　3か条

・理屈に合わないことはしない
・レベルの低い話題を振らない
・辛らつなことを言われても気にしない

AB型みずがめ座の有名人

やなせたかし
漫画家　1919.2.6

黒沢年雄
俳優　1944.2.4

佐藤B作
俳優　1949.2.13

南こうせつ
歌手　1949.2.13

三浦友和
俳優　1952.1.28

木村祐一
お笑いタレント　1963.2.9

南原清隆
（ウッチャンナンチャン）
お笑いタレント　1965.2.13

森脇健児
タレント　1967.2.5

相川七瀬
歌手　1975.2.16

村上信五（関ジャニ∞）
歌手　1982.1.26

宮地真緒
女優　1984.2.2

加護亜依
女優　1988.2.7

AB型みずがめ座の適職

研究職など、精神的に満たされ、

個性が生かせるもの

AB型×うお座 (2/19～3/20生まれ)

・相手の話したがっていることがわかる

↓

それを引き出すのが得意

・話の面白い異性が好き

↓

反応が素早かったら、なおいい

・けなされると、すぐに落ち込む

・傷ついた人を見たら、放っておけない

↓

とことん、面倒を見る

↓

お礼を言われなくても、気にしない

↓

でも、本当は見返りを期待している

・じつは手芸が趣味

・部屋に手作りの小物が飾ってある

・一人の時間は、好きな曲を聴いて過ごす

・人間関係はスムーズ

・自分の身を削るようなギャグを編み出す

↓

でも、笑ってもらえればそれでいい

・異性関係が複雑そうな相手を
好きになったことがある

↓

振り向かせようと、
あの手この手で迫った

↓

でも、振られた

・不倫に憧れる

・モテる

・同時に、二人以上の異性から
告白されたことがある

↓

両方と付き合った

・異性を飽きさせない自信がある

・お金の計算ができない

・貸したお金が戻ってこないことが多い

↓

でも、いくら貸したかしっかり覚えている

↓

それは、10年経っても忘れないと思う

・月末はいつも貧乏

↓

でも、不思議と臨時収入がある

・**将来の計画を、細かく立てている**

↓

でも、計画通りに進んだためしがない

・**今、この瞬間が**
楽しければそれでいい

・競争の激しい職場にいたことがある

↓

体を壊して辞めてしまった

・同僚が残業していたら、必ず付き合う

↓

朝まで付き合ったことがある

↓

そのせいで、遅刻して怒られた

・パーティーでは聞き役になることが多い

・約束の時間に１時間以上
遅れることはザラ

↓

理由は圧倒的に寝坊が多い

・不幸な生い立ちの人に弱い

↓

そんな異性と恋に落ちたことがある

↓

結婚寸前まで行った

↓

でも、お互い高校生だったので
別れさせられた

・年齢よりかなり若く見られる

・遊園地に行くと、
子供のようにはしゃいでしまう

・金魚すくいに燃える

・福引で、ハズレのティッシュをもらっても喜ぶ

・コンテストやクイズに応募するのが好き

↓

よく入選して賞金をもらう

↓

とりわけ得意なのが、
アイデアコンテストだ

・**ポジティブ思考の人に惹かれる**

↓

そういう人からエネルギーをもらうことが多い

・理論派の友達がいる

↓

よく助けられている

・ネガティブなタイプと一緒にいると、
こっちまで暗くなる

・自信たっぷりの人間とは
ソリが合わない

・「とりあえず実行」がモットーだ

・弱い者をいたわるのは当然だと思う

・異性を利用したことがある

・他人の顔を見た瞬間、
考えていることがわかる

・空気を読むのは得意

・情に流されるのはバカらしいと思う

・おごられたら、おごり返すのは常識だ

↓

しかも、同じ程度のものじゃないとダメ

・食器は洗わないで何度か使う

↓

でも、気にしない

・お風呂はシャワーだけ

↓

頭も濡らすだけ

↓

全然気にならない

・人間関係が複雑な職場にいたことがある

↓

すぐに胃を壊して辞めた

・頼られることが多い

↓

でも、気づいたら利用されている

↓

でも、気にしない

・神経質な人といると、
こっちまで胃が痛くなってくる

・グループが奇数だと、自分が一人になる

・道で転んだ異性を介抱していて、
恋に落ちたことがある

↓

でも、自然消滅した

・男女を問わず、人気がある

↓

それだけの努力をしてるんだから、当たり前だ

AB型×うお座の攻略法　3か条

・自信をつけさせる言葉をかける
・おごられたらおごり返す
・本音をさらけ出さない

AB型 うお座の 有名人

ケーシー高峰
お笑い芸人　1935.2.25

鳥越俊太郎
ジャーナリスト　1940.3.13

アントニオ猪木
元プロレスラー　1943.2.20

加藤茶
お笑いタレント　1943.3.1

井上順
俳優　1947.2.21

柳沢慎吾
タレント　1962.3.6

肥後克広
（ダチョウ倶楽部）
お笑い芸人　1963.3.15

いしのようこ
女優　1968.2.20

酒井美紀
女優　1978.2.21

中澤佑二
（横浜F・マリノス）
サッカー選手　1978.2.25

菊川怜
女優　1978.2.28

ベッキー
タレント　1984.3.6

AB型 うお座の 適職

ミュージシャン、芸術家など、
マイペースで才能を生かせるもの

AB

星座別
AB型人間
相性診断表

ここでは、

AB 型人間の相性を

血液型×星座別で紹介します。

◎…とてもよい	△…まあまあ
○…よい	×…イマイチ

AB型 × おひつじ座 (3/21〜4/19)

おひつじ座					おうし座					ふたご座			
A	O	B	AB		A	O	B	AB		A	O	B	AB
◎	△	◎	○		×	×	×	×		○	△	◎	◎

かに座					しし座					おとめ座			
A	O	B	AB		A	O	B	AB		A	O	B	AB
×	×	×	×		◎	◎	○	◎		×	△	△	×

てんびん座					さそり座					いて座			
A	O	B	AB		A	O	B	AB		A	O	B	AB
◎	△	○	◎		△	△	△	×		◎	△	△	○

やぎ座					みずがめ座					うお座			
A	O	B	AB		A	O	B	AB		A	O	B	AB
△	×	△	×		◎	△	○	◎		△	×	△	×

AB型おひつじ座 相性ベスト3

1. しし座 A型
2. しし座 AB型
3. みずがめ座 AB型

AB型 × おうし座 (4/20〜5/20)

おひつじ座				おうし座				ふたご座			
A	O	B	AB	A	O	B	AB	A	O	B	AB
○	×	×	×	○	△	△	○	×	×	△	△

かに座				しし座				おとめ座			
A	O	B	AB	A	O	B	AB	A	O	B	AB
○	△	○	○	×	×	×	×	◎	×	○	◎

てんびん座				さそり座				いて座			
A	O	B	AB	A	O	B	AB	A	O	B	AB
△	△	△	×	○	△	△	◎	△	×	×	×

やぎ座				みずがめ座				うお座			
A	O	B	AB	A	O	B	AB	A	O	B	AB
◎	△	○	◎	△	×	△	×	◎	○	◎	○

AB型おうし座 相性ベスト3

1. やぎ座 AB型
2. おとめ座 AB型
3. やぎ座 A型

AB型×ふたご座 (5/21～6/21)

	A	O	B	AB
おひつじ座	○	△	◎	○
おうし座	△	×	×	○
ふたご座	○	×	◎	○
かに座	○	×	○	×
しし座	◎	○	△	◎
おとめ座	△	×	○	×
てんびん座	◎	△	◎	○
さそり座	×	×	△	×
いて座	○	○	◎	△
やぎ座	△	△	△	◎
みずがめ座	◎	◎	○	△
うお座	△	×	△	×

AB型ふたご座
相性ベスト3

1. みずがめ座O型
2. やぎ座AB型
3. てんびん座B型

AB型×かに座 (6/22～7/22)

おひつじ座

A	O	B	AB
△	×	×	×

おうし座

A	O	B	AB
○	△	△	○

ふたご座

A	O	B	AB
×	×	×	△

かに座

A	O	B	AB
○	△	△	◎

しし座

A	O	B	AB
◎	×	×	×

おとめ座

A	O	B	AB
◎	○	○	○

てんびん座

A	O	B	AB
○	×	◎	×

さそり座

A	O	B	AB
◎	○	◎	○

いて座

A	O	B	AB
△	×	△	×

やぎ座

A	O	B	AB
○	○	◎	○

みずがめ座

A	O	B	AB
△	△	△	×

うお座

A	O	B	AB
◎	○	◎	○

AB型かに座
相性ベスト3

1. しし座A型
2. てんびん座B型
3. さそり座B型

AB型×しし座 (7/23～8/22)

おひつじ座

A	O	B	AB
◎	○	○	◎

おうし座

A	O	B	AB
×	×	×	×

ふたご座

A	O	B	AB
○	○	○	◎

かに座

A	O	B	AB
×	×	×	×

しし座

A	O	B	AB
◎	○	○	○

おとめ座

A	O	B	AB
△	×	×	×

てんびん座

A	O	B	AB
◎	○	◎	◎

さそり座

A	O	B	AB
△	×	×	×

いて座

A	O	B	AB
◎	△	◎	△

やぎ座

A	O	B	AB
△	×	△	×

みずがめ座

A	O	B	AB
○	◎	◎	△

うお座

A	O	B	AB
△	×	△	×

AB型しし座
相性ベスト3

1. いて座B型
2. みずがめ座O型
3. てんびん座B型

AB型×おとめ座 (8/23～9/22)

おひつじ座

A	O	B	AB
○	×	△	△

おうし座

A	O	B	AB
◎	○	○	○

ふたご座

A	O	B	AB
×	×	△	×

かに座

A	O	B	AB
◎	△	○	◎

しし座

A	O	B	AB
×	×	○	△

おとめ座

A	O	B	AB
◎	○	○	△

てんびん座

A	O	B	AB
△	×	◎	×

さそり座

A	O	B	AB
◎	○	◎	○

いて座

A	O	B	AB
△	×	△	×

やぎ座

A	O	B	AB
○	○	◎	○

みずがめ座

A	O	B	AB
△	△	△	×

うお座

A	O	B	AB
◎	×	○	○

AB型おとめ座
相性ベスト3

1. おうし座A型
2. かに座A型
3. てんびん座B型

AB型×てんびん座 (9/23～10/23)

	A	O	B	AB
おひつじ座	○	×	△	○
おうし座	×	×	×	×
ふたご座	○	△	○	◎
かに座	○	×	△	×
しし座	◎	△	○	◎
おとめ座	◎	△	○	×
てんびん座	◎	○	◎	△
さそり座	△	×	△	×
いて座	○	△	◎	○
やぎ座	△	×	△	×
みずがめ座	◎	○	○	△
うお座	△	×	△	×

AB型てんびん座
相性ベスト3

1. てんびん座A型
2. おとめ座A型
3. しし座AB型

AB型×さそり座 (10/24～11/22)

おひつじ座

A	O	B	AB
△	×	△	×

おうし座

A	O	B	AB
◎	×	○	×

ふたご座

A	O	B	AB
△	×	△	×

かに座

A	O	B	AB
◎	△	○	◎

しし座

A	O	B	AB
△	×	×	×

おとめ座

A	O	B	AB
○	○	◎	◎

てんびん座

A	O	B	AB
△	×	△	×

さそり座

A	O	B	AB
◎	○	○	○

いて座

A	O	B	AB
△	△	△	×

やぎ座

A	O	B	AB
○	○	◎	△

みずがめ座

A	O	B	AB
△	×	△	×

うお座

A	O	B	AB
◎	○	◎	△

AB型さそり座
相性ベスト3

1. さそり座A型
2. かに座AB型
3. おうし座A型

AB型×いて座 (11/23～12/21)

おひつじ座

A	O	B	AB
◎	△	◎	◎

おうし座

A	O	B	AB
×	×	×	×

ふたご座

A	O	B	AB
×	×	○	△

かに座

A	O	B	AB
○	×	×	×

しし座

A	O	B	AB
◎	△	◎	○

おとめ座

A	O	B	AB
×	△	×	△

てんびん座

A	O	B	AB
◎	△	○	◎

さそり座

A	O	B	AB
△	△	△	×

いて座

A	O	B	AB
○	△	◎	△

やぎ座

A	O	B	AB
△	×	△	×

みずがめ座

A	O	B	AB
○	○	◎	◎

うお座

A	O	B	AB
△	×	△	×

AB型いて座
相性ベスト3

1. しし座B型
2. てんびん座A型
3. みずがめ座AB型

AB型×やぎ座 (12/22～1/19)

	A	O	B	AB
おひつじ座	△	×	×	×
おうし座	◎	△	○	◎
ふたご座	×	○	△	×
かに座	◎	△	○	◎
しし座	×	△	△	△
おとめ座	○	○	○	○
てんびん座	△	×	△	×
さそり座	○	△	◎	◎
いて座	○	△	○	×
やぎ座	◎	△	○	×
みずがめ座	△	△	△	×
うお座	◎	△	○	△

AB型やぎ座
相性ベスト3

1. おうし座AB型
2. かに座 A型
3. さそり座B型

AB型×みずがめ座 (1/20～2/18)

おひつじ座

A	O	B	AB
△	×	△	○

おうし座

A	O	B	AB
×	×	×	×

ふたご座

A	O	B	AB
○	○	◎	◎

かに座

A	O	B	AB
○	×	○	△

しし座

A	O	B	AB
◎	×	○	△

おとめ座

A	O	B	AB
△	△	○	×

てんびん座

A	O	B	AB
○	○	◎	○

さそり座

A	O	B	AB
△	×	△	×

いて座

A	O	B	AB
◎	○	◎	△

やぎ座

A	O	B	AB
△	×	△	×

みずがめ座

A	O	B	AB
○	○	○	△

うお座

A	O	B	AB
△	×	△	×

AB型みずがめ座
相性ベスト3

1. ふたご座AB型
2. てんびん座B型
3. いて座B型

AB型×うお座 (2/19～3/20)

	A	O	B	AB
おひつじ座	×	×	×	×
おうし座	◎	×	×	◎
ふたご座	×	×	△	×
かに座	◎	△	◎	◎
しし座	○	○	△	△
おとめ座	△	△	◎	◎
てんびん座	△	×	○	△
さそり座	◎	△	◎	○
いて座	△	×	△	×
やぎ座	◎	○	◎	△
みずがめ座	△	×	△	×
うお座	◎	○	○	○

AB型うお座
相性ベスト3

1. さそり座A型
2. おうし座A型
3. かに座B型

おわりに

どうでした？　「私ってこんな性格だったっけ？」「こんな風に思われてるんだ…」なんてヘコんでいませんか？

まるっきり全部当てはまるわけじゃなくて、この本に書いてあることは、あなたの性格の一部なんです。

それに、自分でも気づかなかった性格も発見したでしょう？　そう思えば、自分の頭の中を知るのもちょっとは楽しめたのではないでしょうか？

この本がAB型人間のあなたと、あなたの周りにいるAB型人間をより深く知るツールとなりますように…。

三田モニカ（みた　もにか）
フォーチュン・カウンセラー
8月1日生まれ、A型、しし座。ティーン向け占い雑誌の編集プロダクションを経て、占いの研究の道へ。西洋占星術、血液型、タロット、紫微斗数、四柱推命等のロジックを応用した開運法を提唱、現在に至る。

本文に掲載されているデータは2008年4月現在のものです。

AB型人間の頭の中

発行日　2008年6月　1日　第1刷発行
　　　　2008年6月22日　第3刷発行

著　者　三田モニカ
装　丁
イラスト　加藤茂樹
編　集　久世和彦　真鍋伸二郎　伴藤舞子
編集人
発行人　阿蘇品 蔵
発行所　株式会社青志社
〒107-0052　東京都港区赤坂6-2-14
レオ赤坂ビル4F
TEL　03-5574-8511（編集部／営業部）
FAX　03-5574-8512

校　閲　ケイズオフィス
印刷・製本　株式会社光邦

ISBN978-4-903853-32-1 C0095